おうちキッチンが三ツ星級に大変身!

パパッと 激うまっ☆

キングレシピ

ポンポコ団キング

はじめに

　バイトをしすぎて料理の腕前が必要以上に向上してしまった芸人、ポンポコ団のキングです。この度は僕にとって人生初のレシピ本を手にとっていただきありがとうございます。

　現在、芸人として花開くために修業中の身ではありますが、芸人としての収入がまだまだな僕にとって、飲食店でのアルバイトは欠かせない状況です。
　しかし、料理も芸も僕にとっては共により多くのお客さまにどのように喜んでいただくかを考えさせてくれる大切なものです。

　現在、僕が不定期で出演している番組では、料理でのいろいろなアイデアや工夫を披露させてもらっています。安い食材でもちょっとした工夫で料理の味は激変します。それらを皆さんにお伝えすることで、一人でも多くの方に料理をすることの楽しさを味わっていただけたらと思い、この本では僕の料理のウラ技をふんだんに紹介させてもらいました。
　「ウラ技」といっても、特別なテクニックは何も必要ありません。調味料をちょこっと足すだけ。事前に食材をつけこんでおくだけ。といった「〇〇するだけ」の初心者からマネできるものばかりです。
　この本さえあれば、パラパラチャーハンも卵とろとろオムレツもちょっとした工夫で誰でも簡単に作れるようになります。

鶏の胸肉だって切り込みひとつで、驚くほどしっとり柔らかに料理できちゃいます。
　テレビで披露しているアイデアだけでなく、この本のためにスペシャルメニューもいろいろ編み出しました！

　食材はどれもスーパーやコンビニで安く買えるものばかり。魔法のウラ技でレストランで食べるような本格料理が作れます。この本さえあれば、お家キッチンが人気のビストロに変身すること間違いナシ！

　また、本書では、基本パパッと作れる工夫と、激うまっになるポイントを紹介しています。どれもテクニックは必要ありません。ほんのひと手間だけで、驚くほどおいしくなります。
　もちろん、5分以内でパパッと作れるメニューも満載です。

　家事初心者からでも激うまっ料理が作れちゃう、僕のアイデアが詰まったメニューの数々をお楽しみください。

ポンポコ団キング

3

CONTENTS

家事初心者でも大丈夫！
ほんのひと手間で 3ランクUPの味に大変身！

chapter
キング **2** レシピ

スーパーの激安お肉で
高級料理がつくれちゃう

chapter
キング **3** レシピ

ワンパターンになりがちな
魚も野菜料理も これで解決！

【ごちそう魚料理】 【アレンジいろいろ野菜料理】

キング **4** レシピ
chapter

包丁いらず簡単メニュー
&
小腹を満たすおつまみ

【包丁いらずで簡単!】

【小腹を満たすおつまみ】

スイーツだって
ほんのひと手間で
激うまっ！

【コラム】

デザイン／片桐直美（notes） 撮影／田辺エリ、鈴木江実子 調理協力／唐木順子 イラスト／岩田将尚（Studio CUBE.）
校正／麦秋アートセンター 編集協力／鎏澤美絵 編集／根岸亜紀子（KADOKAWA）

キングレシピの味の決め手はコレ！

タレ・ソース・煮汁のベース

基本の調味料は
用意しておこう

∨ 砂糖

∨ 塩・こしょう

∨ 醤油

∨ 酢

∨ ソース

∨ 味噌

∨ 油類

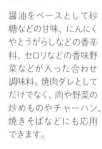

焼肉のタレ

醤油をベースとして砂糖などの甘味、にんにくやとうがらしなどの香辛料、セロリなどの香味野菜などが入った合わせ調味料。焼肉ダレとしてだけでなく、肉や野菜の炒めものやチャーハン、焼きそばなどにも応用できます。

めんつゆ

だしと醤油とみりん、砂糖をベースにした合わせ調味料で、めんつゆとしてだけではなく、煮物やお浸しの味付けにも使えます。メーカーによって濃縮倍率が違うので薄める水の量に注意。本書では3倍濃縮タイプを使用しています。

プラスすると味が深まる調味料

粉チーズ

オリーブオイルに混ぜればドレッシングの塩味代わりになり、ヨーグルトと混ぜればマスカルポーネ風にもなる粉チーズ。

のりの佃煮

のりを醤油と砂糖で甘辛く煮たもの。塩味も甘味もしっかり効いています。調味料として使えばのりの風味が引き立ちます。

食べるラー油

ラー油にごま油やフライドガーリック、ごまなどをプラス。辛みだけでなく、うまみやにんにくの風味などもあるのでドレッシングやソースにちょい足しするだけでおいしさアップ。

なめ茸

醤油や砂糖で煮込んだ味付きのえのき茸。えのき茸のうまみがよく効いているので、炒めものなどの調味料として使えばコクやまろやかさが加わります。

単独で味付け完了の調味料

お茶漬け

粉末だしや塩、のり、あられなどがすでにミックスされているのでごはんにかけるだけではもったいない。野菜と和えたり、卵焼きに入れたり、パスタの味付けにしたりとアレンジ力抜群。

なんと！お菓子も調味料になる

スナック菓子やいか天、えびせんを使うのもキングレシピの特徴です。お菓子にはうまみ調味料が入っており、だし代わりになるので、スープに入れれば簡単に本格派の味になります。

赤じそのふりかけ

定番の使い方はごはんにかけたり、おにぎりの味付けに。酸味がほどよく効いているので、酢のもののお酢の代わりにするなど野菜と和えるだけでさっぱり副菜のでき上がりです。

のりふりかけ

のり、顆粒のたまご、ごま、塩、魚介や昆布、鰹節などのエキスといったおいしいものが凝縮したふりかけ。ごはんにかけるだけでなく、オムレツや炒め物の味付けにも最適。

仕上げに欠かせない調味料

ラー油

味にパンチが欲しいときに数滴たらすだけで心地よい辛みが加わります。麻婆豆腐や棒棒鶏など中華料理との相性は抜群。また野菜の和え物などシンプルな料理やスープの仕上げにもピッタリ。

山椒

しびれるようなピリリッとした刺激と、スーッとする清涼感がある山椒は、肉料理、魚料理、野菜料理にも合う万能調味料。ひと振りするだけで、上品な味わいになります。

青のり

ほんのひとつまみかけるだけで、料理の香りが何倍も豊かに変化します。肉料理や魚料理だけでなく、豆腐などとも相性ピッタリ。サラダの仕上げにかけても◎。

11

材料と分量について

- 野菜類は記載がない場合は、皮をむくなど下処理をすることを前提としています。
- 酒には清酒と料理酒がありますが、本書では清酒を使っています。料理酒には塩分が入っているため、レシピの分量でそのまま作ると仕上がりは塩味が強くなる可能性があります。
- 大さじ1＝15cc、小さじ1＝5ccを表しています。
- 調味料やスパイスはものによって味や風味が違うので、分量はあくまでも目安です。味を見て調節してください。

作り方について

- 作り方の写真はフライパンや鍋、ボウルなどの調理器具に入れる素材を表しています。

火加減について

- 加熱時間、加熱温度、火加減はあくまでも目安です。調理器具やコンロの火力の違いなどによって変わってくるので、食材が加熱される様子をよく観察してください。
- 電子レンジは500Wで加熱をしています。
- 弱火はコンロの火が鍋やフライパンの底に当たらない状態、中火は鍋やフライパンの底にちょうど当たる状態、強火は鍋やフライパンの底に勢いよく当たり、底全体を熱している状態です。

パパッとPOINT と 激うまっPOINT について

- パパッとPOINTは、通常の工程より手間や時間が省けるポイントです。
- 激うまっPOINTはキングレシピならではのおいしく仕上がるポイントです。

切り方の基本

みじん切り

1 玉ねぎを半分に切ってから2〜3mmに薄くカット

2 横に3mmほど切り込みを入れ

3 2〜3mmにカットしていく

乱切り

1 細い方を斜めにカット

2 角度を変えて斜めにカット

3 少し転がしながら切っていく

くし形切り

1 玉ねぎは半分に切ってから中心部に向かってカット

2 6等分くらいに切る

スクランブルエッグ状にするとは？
フライパンにサラダ油（大さじ1）をひいて熱し、溶き卵を流し入れ、卵のふちが固まり始めて真ん中がとろっとしてきたのがスクランブルエッグ状です。

水溶き片栗粉
本書での水溶き片栗粉は、
片栗粉…大さじ1、水…大さじ2としています。

+

家事初心者でも大丈夫！

ほんのひと手間で 3ランクUPの味に 大変身！

炊飯器に入れておくだけ

+ 絶品！とろとろ煮豚

炊飯器の低温調理効果で肉がパサつかず、とろっとやわらかく、ジューシーに仕上がります。

材料 （3〜4人分）

- 豚バラかたまり肉 … 1本（約500g）
- 長ねぎ … 5cm
- かいわれ菜 … 5〜6本

調味料

- めんつゆ … 100cc
- 水 … 50cc
- ハチミツ … 15g
- からしチューブ … 適量

作り方

1 豚肉をジッパー付きビニール袋に入れて空気を抜く。

2 炊飯器の内釜に**1**を入れ、ひたひたに浸かるまで40℃の湯を入れ、肉の上に皿を置いて重しにし、丸一日保温する。

3 タレを作る。ねぎを斜め薄切りにする。鍋にめんつゆと水を入れてひと煮立ちさせたら、ねぎとハチミツを加えて2〜3分火にかけ、**2**の豚肉を入れて軽く煮て温める。

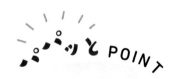

パパッと POINT

炊飯器に入れて丸一日保温で放っておくだけ。低温調理ができ火加減の調節も不要！

4 **3**の肉を1.5cm幅程度にスライスして皿に盛り、**3**のタレをかけ、かいわれ菜をのせたらからしを添えて完成。

15

＋

成功率100％のふわとろ感

＋ かけるオムライス

卵はフライパンの中で固まり始めたら、すぐボウルに移すのがポイント。余熱で温めることで、とろとろに仕上がります。

材料（1人分）

- ウインナーソーセージ … 3本
- 卵 … 3個
- 玉ねぎ … ¼個
- きのこ類 … こぶし1個分
- パセリ（乾燥でもOK）… 適量
- ごはん … 200g

調味料

- サラダ油 … 大さじ2
- 塩 … 2つまみ
- ケチャップ … 大さじ2
- 中濃ソース … 大さじ1
- バター … 10g

作り方

1 ウインナーソーセージを5mm幅の輪切りに、玉ねぎとパセリはみじん切りに、きのこ類の石づきを取ってほぐす。

2 フライパンにサラダ油（大さじ1）をひき、ウインナー、玉ねぎ、きのこを中火で炒めたら塩（ひとつまみ）を入れる。

3 ケチャップを加えて水分を飛ばし、中濃ソース、バターを加えて具材を炒める。

4 器にごはんを盛り、**3**をのせる。

5 ボウルに卵を割り入れて塩（ひとつまみ）を加えて菜箸でよく混ぜ、フライパンにサラダ油（大さじ1）をひいて熱したら、卵を流し入れる。卵がスクランブルエッグ状になったらボウルに戻し、スプーンで軽く混ぜる。

6 **4**の上に**5**をかける。ケチャップ（適量）をかけてパセリを散らしたら完成！

パパッと POINT

具材だけ炒めればいいので炒め作業がグッと時短できます。具材の水分を吸収しないからごはんがベタつく心配もナシ！

いかの風味とうまみがバツグン！

✛ 塩辛と じゃがいもの 簡単グラタン

激うまっ POINT

いかの塩辛のうまみと
チーズの塩味で、濃厚＋
奥深い味わいになります。

材料 （2〜3人分）

- いかの塩辛 … 15g
- じゃがいも … 1個
- 玉ねぎ … ¼個
- ほうれん草 … 1束
- パセリ（乾燥でもOK）… 適量
- チーズ … 適量

調味料

- オリーブオイル … 大さじ1
- 生クリーム … 200cc
- 黒こしょう … 適量
- 水 … 100cc

作り方

1 じゃがいもの芽を取り除き、皮をむかずに5〜6等分したら水に10分さらす。玉ねぎは薄切り、ほうれん草は5cmの長さに、パセリはみじん切りにする。

2 フライパンにオリーブオイルをひき、じゃがいもを入れて中火で炒め、焼き目が付いたら玉ねぎとほうれん草を加えて炒める。

3 2のフライパンに生クリームと黒こしょうを加えて中火にかけ、ポコポコと沸いてきたら水を加えて弱火にし、じゃがいもに竹串が通るまで火を通す。

パパッと POINT

生クリームとじゃがいものとろみでだけで即席ホワイトソースが完成します。

4 耐熱皿に3を盛り付けていかの塩辛をのせ、チーズをかけてトースターで5分焼く。

5 チーズに焦げ目が付いたらパセリを散らして完成。

ベースの味付けは炊飯器におまかせ

＋ パラパラ★ レタスチャーハン

すでに味のついたごはんなので、少量の油でサッと炒めるだけでパラパラに仕上がります。

材料

- 焼き飯 2 合分

  生米 … 2 合

  調味料

  塩 … 小さじ ½

  醤油 … 小さじ ½

  鶏ガラスープの素 … 小さじ 1

  黒こしょう … 2 振り

  サラダ油 … 小さじ 2

- レタスチャーハン (1人分)

  ベーコン … 40 g

  卵 … 1 個

  レタス … 1 枚

  焼き飯 … 200 g

調味料

サラダ油 … 大さじ 1

塩 … 適量

黒こしょう … 適量

醤油 … 適量

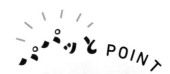

パパッと POINT

炊飯器で土台の焼き飯を
作れば具材のアレンジ自
由自在。あとはパパッと
作れます。

作り方

1 ベースの焼き飯を作る。炊飯器に洗った米、水（2合分の水）、塩、醤油、鶏ガラスープの素、黒こしょう、サラダ油を入れて軽く混ぜたら炊く。

2 ベーコンは短冊切りにして、フライパンで炒めたら皿に上げる。

3 卵をボウルに割り入れたら、菜箸でよく混ぜる。フライパンにサラダ油をひいて熱し、卵を流し入れる。

4 卵がスクランブルエッグ状になったら、**1**のごはん200gを入れて混ぜ合わせ、**2**のベーコンを加えて塩、黒こしょう、醤油で味を調えたら火を止める。

5 ちぎったレタスを加えて混ぜ、皿に盛れば完成。

ゴロゴロ肉のうまみを堪能！

大人の
ミートソースうどん

肉はあえてそぼろ状に崩さずに、かたまりのまま表面に焼き目をつけることで肉のうまみが楽しめます。

材　料（2〜3人分）

- 牛ひき肉 … 100g
- 無塩トマトジュース … 200cc
- パセリ（乾燥でもOK）… 適量
- 冷凍うどん … 1袋

調味料

- オリーブオイル … 大さじ1
- 塩 … 適量
- 砂糖 … 小さじ½
- 粉チーズ … 適量

作り方

1 牛肉は塩を軽く振って下味をつけたらひとまとまりにしておく。

2 フライパンにオリーブオイルをひいて強火で熱したら**1**を入れて表面をしっかり焦がす。フライ返しで裏返して両面焼いたら肉を軽くほぐす。

3 **2**のフライパンにトマトジュース、塩（ひとつまみ）、砂糖を加えて強火でトマトジュースが¼の量になるまで煮込む。

パパッと POINT

ひき肉とトマトジュースだけで濃厚なミートソースが完成。面倒な玉ねぎのみじん切りは不要。

4 うどんを表示通りに解凍して**3**のトマトソースとともにボウルに入れてよく混ぜる。器に盛り、粉チーズを振ってみじん切りにしたパセリを散らしたら完成。

市販のミートボールが大変身

＋ 簡単！ ミートボールのクリーム煮

材料 （2〜3人分）

- 市販のミートボール … 20個
- 玉ねぎ … ¼個
- コーン缶（ホールタイプ） … 大さじ2
- パセリ（乾燥でもOK） … 適量

調味料

- 生クリーム … 200cc
- 醤油 … 大さじ2

作り方

1 玉ねぎを薄切りに、パセリをみじん切りにする。

2 フライパンに市販のミートボール、玉ねぎ、コーン、生クリーム、醤油を入れて中火にかける。

3 生クリームがふつふつとなってきたら弱火にして煮詰め、器に盛ってパセリを散らせば完成。

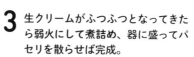 パパッと POINT

基本の味付けは市販ミートボールにおまかせ。あとは、フライパンに具材を入れて煮込むだけ！

辛いだけじゃない！ うまみが詰まった

✛ 本格派豚キムチ

材料 （2〜3人分）

- 豚バラ肉 … 250g
- 玉ねぎ … ¼個
- ニラ … 1束
- 白菜キムチ … 100g

調味料
- サラダ油 … 大さじ1
- 小エビ（または桜エビ）… 2つまみ
- なめ茸 … 小さじ2
- からしチューブ … 2cm
- ラー油 … 適量

作り方

1 玉ねぎを薄切りにし、ニラを4等分にする。

2 フライパンにサラダ油をひき、中火で豚肉を炒める。焼き色がついたら玉ねぎ、ニラ、キムチ、小エビ、なめ茸、からし、ラー油を加えて炒める。

3 器に盛ったら完成。

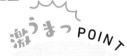
激うまっPOINT

味の決め手は、うまみたっぷりの小エビとなめ茸。辛みをほどよく抑えつつ、一発で味が決まります。

25

パン粉のサクサク感がたまらない

➕ 洋風卵ごはん

材料 (1人分)

- 卵 … 1個
- パセリ（乾燥でもOK）… **適量**
- ごはん … 200g

調味料

- 醤油 … 小さじ1
- バター … 10g
- パン粉 … 大さじ2
- 塩 … 適量
- ウスターソース … 適量

パパッと POINT

具材とごはんをあらかじめボウルで混ぜるのがポイント。炒めるときの手間が大幅に省けます。

作り方

1 ボウルに卵、ごはん、醤油を入れてスプーンで混ぜる。

2 フライパンにバターを入れて中火にかけ、フライパンを回しながら茶色になるまで焦がしたら**1**を加えて軽く炒める。卵が固まり始めたらボウルに戻してスプーンで混ぜる。

3 別のフライパンにパン粉を入れて焦げ目がつくまで中火でいる。

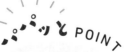

4 器に**2**のごはんを盛り、**3**と温めたウスターソースをかけ、みじん切りにしたパセリを散らしたら完成。

味の決め手はえびせん

➕ 料亭風お雑煮

材　料 (1人分)

- 和風だし汁
  - えびせん … 3枚
  - 調味料
  - 和風だしの素 … 小さじ1
  - 水 … 200cc
- お雑煮
  - にんじん … 1cm
  - 大根 … 5mm
  - しめじ … 少々
  - かいわれ菜 … 適量
  - 菊の花びら … 適量
  - 和風だし汁 … 100cc
  - おもち … 1個

作り方

1 和風だし汁を作る。鍋に水と和風だしの素を入れて沸騰させる。手で割ったえびせんを入れ、弱火で6分煮込んだらえびせんを取り出す。

2 お雑煮を作る。にんじんを薄切りに、大根を半月切りに、しめじの石づきを取ってほぐす。もちはトースターで焼く。

3 1のだし汁100ccと2のにんじん、大根、しめじを入れて弱火で2分かけ、にんじんがやわらかくなったら器に盛り付ける。もちを入れ、かいわれ菜をのせて菊の花びらを散らしたら完成。

激うまっ POINT

えびせんを入れるだけで、いいだしがとれて、まるで高級料亭のような味わいに。

※98ページにだし汁のアレンジ方法があります。

焼き鳥缶詰で作る

＋ ふわとろ親子丼

材料 (1人分)

- 焼き鳥の缶詰 … 1缶
- 卵 … 2個
- 玉ねぎ … ¼個
- 万能ねぎ … 2cm
- ごはん … 200g

調味料
- めんつゆ … 50cc
- 水 … 100cc

作り方

1 玉ねぎを薄切りに、万能ねぎは小口切りにする。

2 ボウルに卵を割り入れて菜箸で混ぜる。フライパンに焼き鳥と卵、玉ねぎ、めんつゆ、水を入れて中火にかける。

3 卵のふちが固まり始めて真ん中がとろっとしてきたらボウルに戻してスプーンで混ぜる。

4 丼にごはんを盛り、**3**をかけて万能ねぎを散らしたら完成。

パパッと POINT

基本の味付けは缶詰におまかせ。あとはめんつゆをプラスするだけで完璧な味に。

巻かずに汁をしみ込ませるだけ

✛ 料亭風だし汁卵焼き

材 料 (2人分)

- 卵 … 3個
- かいわれ菜 … 2〜3本

調味料

- 塩 … ひとつまみ
- サラダ油 … 大さじ1
- A | 和風だしの素 … 小さじ ½
    醤油 … 小さじ1
    水 … 100cc

作り方

1 ボウルに卵を割り入れて塩を加えて菜箸でよく混ぜる。フライパンにサラダ油をひき、卵液で線が引けるくらいまで温める。卵をフライパンに入れ菜箸でかき混ぜながら固まってきたら奥から手前に二つ折りにし、フライパンを手前に傾けて卵の端の部分に火を入れる。

2 火からおろしてキッチンペーパーで包み、粗熱が取れたら卵を4等分にする。

3 フライパンに**A**を入れてひと煮立ちさせたら**2**を戻し入れてだしを絡ませ、卵にしみ込ませたら器に盛り、かいわれ菜をのせて完成。

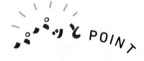

卵は巻かずに二つ折りにするだけ。だしで軽く煮込むことで、ジュワッとジューシーな味わいに。

塩加減バツグン！ 高級感◎

✚ スペシャルおむすび

材料（2〜3人分）

- 生米 … 2合

調味料

- 塩 … 2g

作り方

1 炊飯器に米と塩、水（2合分の水、分量外）を入れて炊く。

2 ごはんが炊けたらおにぎりの形にむすんで完成。

ひと味
違う！

おにぎり具材

ごまこがし味噌

味噌 … 大さじ1
ごま … 小さじ1

クッキングシートに味噌を塗り、トースターで1〜2分焼く。ごまを加えて混ぜ合わせる。

青のりチーズ七味

ベビーチーズ … 1個
青のり … 適量
七味とうがらし … 4振り

チーズは5mm角に切り、青のり、七味と混ぜる。

ツナマヨ山椒

ツナ缶 … 70g
マヨネーズ … 大さじ2
山椒 … 10振り

ツナは油を軽く絞ってマヨネーズ、山椒とともにボウルに入れて混ぜる。

chapter
キング **2** レシピ

スーパーの激安お肉で
高級料理がつくれちゃう

舞茸パワーでやわらかジューシー

本格派
牛肉ステーキ

舞茸の酵素パワーでう
まみが加わるだけなく、
スーパーの激安なお肉も
驚きのやわらかさに！

材料 （2人分）

- **牛肉**（ステーキ用）… **1枚**（約200g）
- **舞茸** … **1株**
- **クレソン** … **適量**

調味料

- **塩** … **ひとつまみ**
- **サラダ油** … **大さじ2**
- **黒こしょう** … **適量**
- **A** | わさびチューブ … **2cm**
      | 醤油 … **大さじ2**

作り方

1 牛肉と舞茸をジッパー付きビニール袋に入れて冷蔵庫で20〜30分休ませたら、常温に戻して塩をする。

2 フライパンにサラダ油（大さじ1）をひき、弱火で両面を2分焼いたら強火にし、さらに両面2分焼く。焼いた肉をふわっとアルミホイルに包んで5分寝かせ、余熱で肉に火を通す。

3 同じフライパンにサラダ油（大さじ1）をひき、中火で舞茸を炒める。

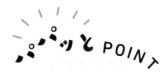

4 肉を食べやすい大きさに切って皿に盛ったら黒こしょうを振る。**3**の舞茸とクレソン、**A**を混ぜ合わせたわさび醤油を添えたら完成。

パパッと POINT

牛肉の火入れは外側だけ。焼いたらあとはアルミ箔におまかせ。火加減の調節不要で、ジューシーな味わいに。

外はパリパリ、中ジューシー

鶏もも肉の
パリパリ焼き

焼くときに鶏肉にお皿を
のせるだけで凹凸のある
肉の全面が均一にパリッ
と焼き上がります。

材　料 （1人分）

- 鶏もも肉 … 1枚 （200g）
- 飾り野菜 （ベビーリーフなど） … 適量
- プチトマト … 1個

調味料

- 塩 … ひとつまみ
- オリーブオイル … 大さじ1
- 黒こしょう … 適量

作り方

1 鶏肉に塩を振り、下味を付ける。フライパンにオリーブオイルをひき、皮の方から弱火で焼く。

2 鶏肉から脂が出てきてパチパチ音がしたら、皿2枚を上にのせ重しにし、しばらく焼く。鶏肉にしっかり焼き目が付いたら裏返し、弱火で5分焼く。

※お皿はどんな物でもOK。ただし割れないように注意すること。

3 鶏肉にしっかり焼き目が付いたら裏返し、さらに弱火で5分焼く。

4 器に3の鶏肉をのせ、黒こしょうを振ったら野菜と半分に切ったトマトを飾って完成。

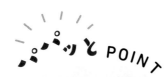
パパッと POINT

味付けは塩・こしょうのみ。あとは弱火でじっくり焼くだけの超シンプル調理でOK。

味の決め手は生ハム

簡単！
肉巻きレタス

生ハムにほどよい塩味が
あるので、豚肉には軽く
塩をするだけ。さっぱり
上品な味わいに。

材料 （1人分）

- 豚バラ肉 … 200g
- 生ハム … 4枚
- レタス … 3枚

調味料

- 塩 … 適量
- オリーブオイル … 大さじ1
- 黒こしょう … 適量
- レモン汁 … 適量

作り方

1 まな板に豚肉を広げる。

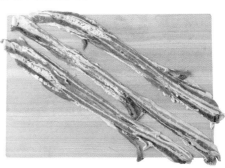

2 レタスを一口サイズにちぎって、生ハムで軽く巻く。

3 レタスを巻いた生ハムを豚肉で巻き、軽く塩をする。

4 フライパンにオリーブオイルをひき、**3**を入れ中火で焼く。焦げ目が付いたら裏返してしっかり火を通す。

5 肉が焼き上がったら皿に盛り、黒こしょうを振ってレモン汁をかけたら完成。

パパッと POINT

レタスを生ハムで巻くので、バラバラにならず、簡単に肉巻きが作れます。

火入れひとつで味が激変！

 激うまっ生姜焼き

最初に豚肉に切り込みを入れることで、肉が縮まらず、やわらかな食感に。また、刻みしょうがを加えることで、チューブでは出せない風味と食感が楽しめます。

材料 （1人分）

- 豚肩ロース薄切り肉
  … 200〜250g
- 玉ねぎ … ¼個
- しょうが … 1かけ
- しょうがチューブ … 2cm
- プチトマト … 1個
- レタス … 2枚

調味料

- 塩 … 適量
- 米粉（小麦粉でもOK）… 適量
- サラダ油 … 大さじ1
- 焼肉のタレ … 大さじ4〜5
- 水 … 50cc

基本の味付けは焼き肉のタレにおまかせすれば、失敗なし!!

作り方

1 豚肉に写真の赤点線のように軽く切り込みを入れ、塩で下味を付けたら米粉を振る。

2 玉ねぎは薄切り、しょうがは千切り、トマトは半分に切り、レタスは食べやすい大きさにちぎる。

3 フライパンにサラダ油をひいて中火にかけ、豚肉がカリッとするまで片面を8割焼く。裏返して10秒焼いたら、皿に上げる。

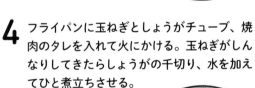

4 フライパンに玉ねぎとしょうがチューブ、焼肉のタレを入れて火にかける。玉ねぎがしんなりしてきたらしょうがの千切り、水を加えてひと煮立ちさせる。

5 4のフライパンに3の豚肉を戻し入れ温めたら、皿に盛り付け、レタスとトマトを添えたら完成。

あの有名店の味を超える！？

うまみたっぷり牛丼

激うまっPOINT

玉ねぎにしっかり濃い味がしみ込むから、ごはんとの相性バツグン！

材料 （2人分）

- 薄切り牛肉 … 200g
- 玉ねぎ … ½個
- 万能ねぎ … 2cm
- ごはん … 400g

調味料

- 醤油 … 大さじ4
- みりん … 大さじ4
- 酒 … 大さじ4
- 水 … 100cc
- 砂糖 … 小さじ½

作り方

1 牛肉を常温に戻す。玉ねぎを薄切りにする。

2 フライパンに醤油、みりん、酒（各大さじ2）を入れてひと煮立ちさせる。

3 玉ねぎを入れて中火でやわらかくなるまで火を通したら醤油、みりん、酒（各大さじ2）と水を入れてひと煮立ちさせる。砂糖と牛肉を加えたら火を止めて菜箸でかき混ぜ、再び火にかける。

4 丼にごはんを盛り、**3**をかけて万能ねぎを散らしたら完成。

パパッと POINT

牛肉の火入れは、煮汁に入れるだけ。短時間で仕上がります。

フライパンでサクサクに！

超ジューシー唐揚げ

激うまっ POINT

鶏肉の表面に軽く揚げ色がついたら一度火からおろすのがポイント。あえて２度揚げすることで外はサクッと、中はやわらかな食感が楽しめます。

材 料 （1〜2人分）

- 鶏もも肉 … 200g
- レタス … 2枚

調味料

- 酒 … 50cc
- 塩 … 2g
- 山椒 … 10振り
- 片栗粉 … 適量
- サラダ油 … 適量

作り方

1 鶏もも肉を5等分（各40g程度）にする。ボウルに鶏肉と酒を入れて3分間くらいしっかり揉み込む。

2 塩と山椒を加えて2〜3分間しっかり揉み込みラップをしたら冷蔵庫で1時間休ませる。

3 鶏肉を冷蔵庫から出し、キッチンペーパーで水気を拭いて片栗粉をまぶす。

4 少し深さのあるフライパンに肉が半分つかるくらいまでサラダ油を入れて180℃まで熱し、3分揚げたらバットに上げる。

パパッと POINT

余熱と2度揚げでしっかり火を通すから、油は少なめでOK！後片づけが楽ちんです。

5 3分休ませて余熱で中まで火を通し、再度1分揚げたら完成。

激安お肉も激うまっに！

濃厚なのに後味さっぱり

豚肉の
ポン酢クリーム

激うまっ POINT

ポン酢の酸味でさっぱり。
玉ねぎから出た甘味と相
まっておいしさアップ！

44

材料 （1人分）

- 豚ロース肉（とんかつ用）… **1枚**（200g）
- 玉ねぎ … **¼個**
- ほうれん草 … **1束**
- パセリ（乾燥でもOK）… **適量**

調味料

- オリーブオイル … **大さじ1**
- 塩 … **適量**
- 生クリーム … **200cc**
- 水 … **50cc**
- ポン酢 … **大さじ2**

作り方

1 豚肉の脂身の部分に写真の赤線のように2〜3箇所切り込みを入れ、軽く塩をする。

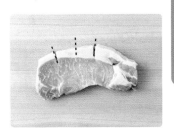

2 玉ねぎは薄切りに、ほうれん草は半分に切り、パセリはみじん切りにする。

3 フライパンにオリーブオイルをひき、中火で豚肉に焼き目を付けたら取り出す。

4 同じフライパンに生クリームと水、ポン酢、玉ねぎ、ほうれん草を入れて中火で約4分かけ、ひと煮立ちさせる。

5 豚肉を戻し入れて中火で3分かけて火を通す。

6 皿に**5**を盛り付けて、パセリを散らしたら完成。

肉を焼いたフライパンでソースも作るので、肉料理とソースが同時に完成します。

フライパンひとつで味しみしみ

うまうま肉じゃが

皮付き野菜でうまみが凝縮。醤油を焦がすことで、具材に濃い味がしみ込んで、風味も味わいもランクアップします。

材　料 （2〜3人分）

- 豚バラ薄切り肉 … 200g
- じゃがいも … 中2個
- 玉ねぎ … ½個
- にんじん … 1本
- 万能ねぎ … 2cm

調味料

- サラダ油 … 大さじ1
- 醤油 … 大さじ1
- めんつゆ … 100cc
- ハチミツ … 15g
- 水 … 500cc

作り方

1 豚肉を5cm幅に切る。じゃがいもとにんじんは皮付きのままにして乱切りに、玉ねぎはくし形切りに、ねぎは小口切りにする。

2 フライパンにサラダ油をひき、中火で熱してから豚肉を炒める。

3 豚肉に焦げ目が付いたら、じゃがいも、にんじん、玉ねぎを加えて野菜全体に油が絡むように軽く混ぜる。

4 フライパンの具材をすみに寄せ、空いたスペースに醤油を入れ、醤油を軽く焦がし、香ばしい香りがしたら具材と混ぜる。

パパッと POINT

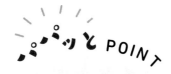

にんじんとじゃがいもは皮ごと煮込むので、面倒な皮むき不要！

5 めんつゆとハチミツを加えて強火にかけ、ひと煮立ちさせたら中火にする。水を加えてひと煮立ちさせる。

6 アルミホイルなどで落とし蓋をして20分煮込む。器に盛り付けて万能ねぎを散らしたら完成。

切り方ひとつで驚きのやわらかさ！

鶏むね肉のしっとりソテー

材 料 (1人分)

- 鶏むね肉…1枚(200g)
- 飾り野菜(ベビーリーフなど)…適量

調味料

- オリーブオイル…大さじ1
- 塩…2つまみ
- 黒こしょう…適量
- レモン汁…適量

作り方

1 鶏肉を切る。繊維の方向が違う境目の部分を切る(①)。繊維を断つように、繊維と垂直の方向に一口大に切って(②)両面に塩(各面ひとつまみ)を振る。

繊維の方向　半分に切る
①
繊維の方向に対し
垂直にそぐように切る

2 フライパンにオリーブオイルをひき、鶏肉を入れて中火で焼く。鶏肉のふちが5mmほど白くなったら裏返し、火を止めて2分おいて、余熱で火を通す。

3 皿に**2**を盛り、ベビーリーフを飾って塩(適量)、黒こしょう、オリーブオイル(適量)、レモン汁をかけたら完成。

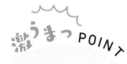
激うまっPOINT

肉の繊維を断つように切ることで、やわらかしっとり、ジューシーな味が堪能できます。

chapter

キング **3** レシピ

ワンパターンになりがちな

魚も野菜料理も
これで解決！

干物効果でうまみたっぷり

アジの開きの アクアパッツア

材料 （1〜2人分）

- アジの開き … 1枚
- あさり … 200ｇ
- にんにく … 1かけ
- プチトマト … 6個
- パセリ（乾燥でもOK）… 適量

調味料

- オリーブオイル … 大さじ1
- 水 … 300cc
- 顆粒スープの素（コンソメ）… 小さじ½
- 塩 … 適量
- 黒こしょう … 適量
- オリーブオイル … 適量

作り方

1 にんにくを包丁の背でつぶす。パセリはみじん切りにする。あさりは塩水で砂抜きしておく。

2 フライパンにオリーブオイルをひき、にんにくを入れて弱火にかける。にんにくの香りが出てきたら中火にしてアジの開きを皮目から焼く。焦げ目が付いたら裏返して2分焼く。

3 フライパンにあさり、プチトマト、水、顆粒スープの素を加えて中火で煮込み、あさりの口が開いたら、塩、黒こしょうで味を調える。

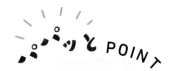 パパッと POINT

アジの開きを使うので、魚の面倒な下処理が不要。見た目にも豪華で、おもてなし料理にもピッタリです。

4 器に盛り、上からオリーブオイルを適量かけ、パセリを散らす。

サクサク食感がたまらない！

白身魚の香草パン粉焼き

材料 （1人分）

- 白身魚の切り身（タイやタラなど）… 1切れ
- パセリ（乾燥でもOK）… 適量
- 飾り野菜（ベビーリーフなど）… 適量
- レモンのスライス … 1枚

調味料

- 塩 … 適量
- パン粉 … 大さじ2
- 粉チーズ … 適量
- レモン汁 … 適量
- オリーブオイル … 大さじ1

作り方

1 魚の皮に切れ目を入れて塩を軽く振る。

2 フライパンにパン粉を入れ、中火で炒め、焼きパン粉を作る。パン粉がきつね色になったら、火を止め、塩、粉チーズ、みじん切りしたパセリを加えて混ぜ合わせる。

3 フライパンにオリーブオイルをひき、魚を皮から中火で焼く。魚の断面に半分くらいまで火が通ったら裏返し、身のほうにも火を通す。

4 魚に火が通ったら皿に盛り付け、2の香草パン粉をまぶし、オリーブオイル（適量）をかけてレモン汁を絞る。仕上げにベビーリーフとレモンのスライスを飾る。

パパッと POINT

炒めたパン粉を仕上げにパパッとかけるだけ。香ばしいサクサク食感と白身魚のふんわり感が同時に楽しめます。

スーパーのお刺身が一流料理に大変身

白身魚の三ツ星カルパッチョ

材料 (1人分)

- 刺身 (タイやヒラメなどの白身魚)… 1パック
- 飾り野菜 (ベビーリーフなど)… 適量

調味料

- 塩… 適量
- オリーブオイル… 適量
- レモン汁… 適量
- 黒こしょう… 適量

作り方

1 軽く塩（1g）をしたお刺身を網にのせ、ラップをして冷蔵庫で30分〜40分冷やす。

2 冷蔵庫から魚を取り出し、身から出た水分をキッチンペーパーで拭き取る。

3 2のお刺身を皿に盛り付け、軽く塩を振り、オリーブオイル、レモン汁、黒こしょうをかける。ベビーリーフと菊の花を飾ったら完成。

激うまっ POINT

お刺身に塩をふる簡単下処理をするだけで、余分な水分や臭みが抜けます。刺身本来の甘味と、ぷりぷりの触感が楽しめます。

決め手は日本酒

ふっくら簡単、サバの味噌煮

材料 （2〜3人分）

- サバ … 2〜3切れ
- しょうが（薄切り）… 5枚
- 長ねぎ … 3cm

調味料

- 日本酒 … 150cc
- 味噌 … 大さじ2
- 砂糖 … 小さじ2

作り方

1 酒を鍋で熱し、アルコールを飛ばし、しょうが、味噌、砂糖を加えてよく混ぜ、中火でひと煮立ちさせる。

2 鍋にサバを加え、アルミホイルなどで落とし蓋をしたら中火で煮込み、沸騰したら、さらに、約5分、中火で煮込む。

3 皿に盛り付けて、斜めに薄く刻んだ長ねぎを散らす。

パパッと POINT

鍋ひとつで煮込むだけだから準備も片付けも簡単！水でなく日本酒の麹作用でサバの臭みが取れてふっくら仕上がります。

特製ソースで風味豊かに

鮭の青のりムニエル風

材料 (1人分)

- 塩鮭 … 1切れ
- 玉ねぎ … ¼個

調味料

- 小麦粉 … 適量
- オリーブオイル … 大さじ1
- バター (有塩) … 20g
- 青のり … 小さじ1
- 黒こしょう … 適量
- レモン汁 … 適量

作り方

1 玉ねぎを薄切りにして水にさらす。

2 鮭に小麦粉を振り、フライパンにオリーブオイルをひいたら、中火で焼く。

3 焦げ目が付いたら鮭を裏返し、バターを加え、溶けたバターを鮭にかけながら全体に火が通るまで焼く。

4 皿に1の玉ねぎをしき、3の鮭を盛る。

5 鮭を焼いたフライパンに青のりを入れて温め、青のりソースを作る。

6 4に青のりソース、黒こしょう、レモン汁をかけたら完成。

パパッと POINT

バターをかけながら焼いたら青のりソースをかけるだけ！ 極上のおいしさが味わえます。

57

簡単なのに、デザートのように華やか

生ハムときゅうりのミルフィーユ

みじん切りにしたピクルスの酸味や食感と、生ハムの塩味でイタリアンテイストに。見た目が、華やかな前菜になります。

材料 （2人分）

- 生ハム … 5枚
- きゅうり … 1本
- 市販のピクルス … 1本
- プチトマト … 2個

調味料

- にんにくチューブ … 2cm
- 砂糖 … 小さじ½
- オリーブオイル … 大さじ2

作り方

1 きゅうりを3〜5mm幅に斜めに薄くスライスし、ピクルスはみじん切り、トマトを4等分にカットする。

2 生ハムをまな板に広げ、その上にスライスしたきゅうりを4枚並べさらに生ハムをのせる。これを繰り返しミルフィーユ状に重ねたらラップで包み冷蔵庫で10分休ませる。

3 ボウルにピクルス、トマト、にんにく、砂糖、オリーブオイルを入れてスプーンでよく混ぜる。

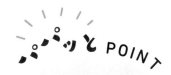

4 **2**を半分に切って器に盛り、**3**をかけたら完成。

パパッと POINT

基本は重ねるだけ。加熱調理がいらないので、火加減など気にせず失敗なしでOK。

アレンジいろいろ野菜

余った野菜をフル活用

野菜ソースの
ハンバーグ

香味野菜ソースのうまみでハンバーグをさっぱりおいしく仕上げてくれます。

材料 (1人分)

- 牛豚の合いびき肉 … 200g
- 卵 … 1個
- 玉ねぎ … ¼個
- にんじん … ¼本
- ズッキーニ … ¼本
- セロリ … 5cm
- パセリ … 適量

調味料

- 塩 … 適量
- オリーブオイル … 大さじ1
- 水 … 50cc
- 顆粒スープの素（コンソメ）… 小さじ2
- レモン汁 … 小さじ1
- サラダ油 … 大さじ1
- 黒こしょう … 適量

作り方

1 玉ねぎ、にんじん、ズッキーニ、セロリをみじん切りにし、ボウルに入れて塩（小さじ½）を振ってスプーンで混ぜる。

2 フライパンにオリーブオイルをひき、中火で1を炒め、水、顆粒スープの素、レモン汁を加えてひと煮立ちさせる。

3 ボウルにひき肉、塩、黒こしょうと卵を入れて手で混ぜ合わせたら、具を2等分してハンバーグ形に成形する。

パッと POINT

ハンバーグの工程はたった1つ。全ての材料を混ぜるだけ。ボウル1個で簡単に作れて時短になります。

4 2とは別のフライパンにサラダ油をひき、3を焼く。肉が下から1cmくらい白っぽくなったら裏返して火を通す。

5 4を皿に盛り、2をかけたら完成。

ごはんが何杯でも欲しくなる！

野菜たっぷり 肉あんかけ

激うまっ POINT

具材とあんの火入れを
別々にすることで、野菜
のシャキシャキ感がしっ
かり味わえます。

材料 （2〜3人分）

- 豚バラ薄切り肉 … 100g
- 玉ねぎ … ¼ 個
- もやしミックス … （1袋）200g
- 万能ねぎ … 適量

調味料

- ごま油 … 大さじ1と小さじ1
- 水 … 200cc
- 鶏ガラスープの素 … 小さじ1
- 黒こしょう … 適量
- 塩 … 適量
- 水溶き片栗粉

作り方

1 豚肉は5cm幅に切り、塩をして下味を付ける。玉ねぎは薄切りにする。

2 フライパンにごま油（大さじ1）をひき、中火で豚肉を焼いて軽く焦げ目を付ける。

3 もやしミックスと玉ねぎを加えて炒め、塩、黒こしょうで味を調えて皿に盛る。

4 同じフライパンに水、鶏ガラスープの素、塩、黒こしょうを入れて中火にかけ、ひと煮立ちさせる。

5 一度火を止め、**4**に水溶き片栗粉を混ぜたら、再度火にかけ、沸騰させたらごま油（小さじ1）を加え、**3**にかけたら完成。

パパッと POINT

具材とあんを一緒に煮込まず、あんを後がけすることで、調理時間をグッと短縮できます。

野菜のうまみをギュギュッと！

揚げない 洋風ごはんボール

パン粉のサクサクした食感と舞茸、かつおぶしのうまみを一度に楽しめます。

材料 （1人分）

- 玉ねぎ … ⅛個
- にんじん … 1cm
- パセリ（乾燥でもOK）… 適量
- 舞茸 … ½房
- パン粉 … 大さじ2
- ごはん … 200g

調味料

- サラダ油 … 大さじ1
- 塩 … 適量
- 醤油 … 小さじ2
- バター … 10g
- 黒こしょう … 適量
- かつおぶし … 2.5g
- オリーブオイル … 適量

作り方

1 玉ねぎとにんじん、パセリはみじん切りに、舞茸は石づきを取り除いてほぐす。

2 フライパンにパン粉を入れて中火でこんがり色が付くまでいったら火を止めて皿に移す。

3 フライパンにサラダ油をひき、中火で玉ねぎ、にんじん、舞茸を炒めたら塩、醤油、バターを加えて味を調える。

4 ボウルに**3**とごはん、黒こしょう、かつおぶしを入れてよく混ぜ合わせる。

パパッと POINT

仕上げにいったパン粉をまぶすことで、揚げないライスボールが簡単に完成。

5 **4**を4等分にしてラップに包んで丸く成形したら皿に盛り付けオリーブオイルをかけ、みじん切りにしたパセリと**2**のパン粉を散らしたら完成。

あとひと品！というときにササッと作れる

素揚げなすの大葉としらす和え

材　料 （2人分）

- しらす … 2つかみ
- なす … 2本
- 大葉 … 3枚

調味料

- サラダ油 … 大さじ2
- めんつゆ … 小さじ1

作り方

1 なすはヘタを取り、縦半分に切ったらちぎる。大葉もちぎっておく。

2 フライパンにサラダ油を入れ、中火でなすを揚げ焼きしたら、ザルに上げて油を切る。

3 なすとしらす、大葉、めんつゆをボウルに入れ、スプーンで混ぜ合わせたら、冷蔵庫で約1時間冷やし、皿に盛り付けたら完成。

激うまっPOINT

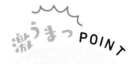

なすは包丁を使わずにちぎればいいだけなので楽ちん。なす表面の凹凸に油やめんつゆの味がしっかりしみ込みます。

脇役野菜が主役級に！

ズッキーニの甘辛ソテー

材料 (1人分)

- ズッキーニ … 1本

調味料

- オリーブオイル … 大さじ1
- 醤油 … 大さじ1
- ハチミツ … 15g
- 一味とうがらし … 少々

作り方

1 ズッキーニを縦半分に切って5分水にさらしたらキッチンペーパーで水気を取って横半分に切る。

2 フライパンにオリーブオイルをひき、ズッキーニを入れて弱火で皮目からじっくり焼く。焦げ目がつくまでしっかり焼いたら裏返してやわらかくなるまで火を通す。

3 同じフライパンに醤油とハチミツを加えてひと煮立ちさせる。

4 皿に焼いたズッキーニを盛って、フライパンに残った汁を回しかける。一味を振ったら完成。

激うまっPOINT

ズッキーニを弱火でじっくり焼くことでとろとろの食感が楽しめます。甘辛テイストとの相性もバッチリ！

おかわり無限級

からしきゅうり

材料 (1人分)

- きゅうり … 1本

調味料

- ごま油 … 大さじ1
- A | 塩 … ひとつまみ
    醤油 … 小さじ1
    からしチューブ … 2cm
    和風だしの素 … 小さじ½

作り方

1 きゅうりを乱切りにする。

2 フライパンにごま油をひき、きゅうりを入れて中火で炒める。

3 きゅうりがしんなりしてきたらAを加えてよく混ぜ、皿に盛ったら完成。

激うまっPOINT

きゅうりを加熱することで味がしっかりしみて、ごはんにぴったりの一品に。

本格フレンチの前菜

ねぎコンソメ生ハム

材料 (1人分)

- 長ねぎ (白い部分) … 3cm × 4本
- 生ハム … 1枚
- パセリ (乾燥でもOK) … 適量

調味料
- オリーブオイル … 大さじ1
- 水 … 100cc
- 顆粒コンソメスープの素 … 小さじ½
- 砂糖 … 適量
- 黒こしょう … 適量
- 粉チーズ … 適量

作り方

1 フライパンにオリーブオイルをひき、中火で長ねぎを焼く。

2 長ねぎに焦げ目が付いたら、生ハムを長ねぎの上にのせ、水、顆粒スープの素を加え、ひと煮立ちさせたら砂糖、黒こしょうで味を調える。

3 皿に盛り付け、粉チーズとみじん切りにしたパセリを散らしたら完成。

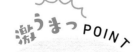
激うまっ POINT

ねぎを焦がすことで甘味が引き立ち、生ハムの程よい塩味と絶妙にマッチします。

つぶすだけで簡単ジューシー！

中華風トマトドレッシング

材料 (1人分)

- トマト … 1個
- きゅうり … ½本

調味料
- 塩 … 小さじ1
- 酢 … 大さじ½
- ごま油 … 大さじ1
- 山椒 … 少々

作り方

1 トマトのヘタを取り除き、くし形切りにする。

2 ボウルにトマト、塩、酢、ごま油を入れて、手でトマトをつぶしながら混ぜる。

3 きゅうりに軽く塩（適量）をして軽く手でこすったら水で洗い、めん棒で叩いてつぶす。

4 皿に**3**のきゅうりを盛り、**2**のトマトドレッシングをかけ仕上げに山椒を振ったらでき上がり。

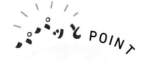

パパッと POINT

味の決め手となるソースはトマトを手でつぶしながらごま油と混ぜるだけ。3分くらいでパパッとできちゃいます。

※98ページにアレンジ方法あります。

もやしが一気にグレードアップ！

エビチリ風味の中華辛もやし

材料 (2人分)

- もやし … 200g (1袋)
- 小エビ (または桜エビ) … 大さじ2
- 万能ねぎ … 5cm

調味料

- サラダ油 … 大さじ1
- ケチャップ … 大さじ2
- 豆板醤 … 大さじ1
- 甜麺醤 … 大さじ1
- ラー油 … 適量

作り方

1 フライパンにサラダ油をひき、ケチャップ、豆板醤、甜麺醤を入れて中火で炒める。

2 小エビを加えて炒め、香りがしてきたら、もやしを加えさらに炒める。

3 皿に盛り付けラー油をかけ、万能ねぎを飾ったら完成。

激うまっPOINT

小エビをソースに入れるだけで即席エビチリ風の味わいになります。

目から
うろこ！

知っていると便利！

野菜の取り扱い方

［賢い保存法］

●もやし

もやしは傷みやすいので、買ってきたら早めに使い切るのがベスト。使いきれない場合はボウルや保存容器に入れ水を張り、ラップや蓋をして冷蔵庫で保存しましょう。1日1回水を替えると鮮度が保てます。

●レタス・キャベツ

収穫後もレタスは成長するため、十分に水分がないとすぐにしおれてしまいます。そこでレタスの芯のところにある成長点をつまようじで刺して破壊し、成長を止めることで劣化を防ぎます。ラップに包んで乾燥から守りましょう。

●パセリ・ほうれん草・小松菜

葉物は乾燥に弱いので湿度をキープして保存することがポイントです。濡れたキッチンペーパーで葉と茎を包んでジッパー付きビニール袋に入れて口をしっかり閉じ、立てて冷蔵庫に入れましょう。

［知っていると便利な切り方］

●みじん切り

1

半分に切った玉ねぎをまな板に斜めに置き、縦に切り込みを入れる。このとき包丁の刃先はまな板につける。底の部分は切らないようにする。

→

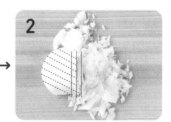

2

玉ねぎの繊維とまな板が垂直になるように置き、縦に切ると粗みじん切りになる。

●きゅうりの蛇腹切り

1

きゅうりを横にしてまな板に置き、斜めに切り込みを入れる。このとき包丁の刃先はまな板につける。裏の部分は切らないようにする。

→

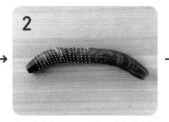

2

きゅうりを裏返しにして**1**と同じ要領で斜めに切り込みを入れる。

→

3

切り口を少し横に広げると蛇腹状になる。

chapter
キング **4** レシピ

包丁いらず
簡単メニュー
&
小腹を満たす
おつまみ

濃厚ソースがたまらない

本格派 トマトパスタ

激うまっ POINT

トマト水煮缶よりもトマトジュースのほうが深みのある濃厚な味わいに。にんにく油の風味が食欲をそそります。

材料 （1人分）

- トマトソース
    - トマトジュース（無塩）… 300cc
    - にんにく … 1かけ

    調味料
    - オリーブオイル … 大さじ1と½
    - 塩 … 小さじ½
    - 砂糖 … 小さじ½

- パスタ
    - トマトソース … 全量
    - パセリ（乾燥でもOK）… 適量
    - パスタ … 100g

    調味料
    - パスタのゆで汁 … 50cc
    - パン粉 … 大さじ2
    - 粉チーズ … 適量
    - オリーブオイル … 適量

基本の味付けはうまみ成分たっぷりのトマトジュースにおまかせ。

作り方

1 にんにくをめん棒などでつぶし、オリーブオイルとともにフライパンに入れて強火にかける。ぷちぷちっと泡が出てきたら弱火にし、オイルに香りをつけたらにんにくを取り出す。

2 フライパンにトマトジュースを加え、木べらで混ぜながら強火で煮詰める。⅔の量になったら弱火にして砂糖と塩を加えて味を調える。

3 別のフライパンにパン粉を入れ、焦げ目が付くまで中火でいる。

4 鍋に水（2ℓ）を沸かして塩（20g）を入れ、表示通りにパスタをゆでる。

5 2のトマトソースにパスタのゆで汁を少し加えて中火で1分温め、4のパスタを入れたら弱火にかけ、オリーブオイルを加えて混ぜる。

6 皿にパスタを盛り付け、3のいったパン粉、粉チーズ、オリーブオイル、みじん切りにしたパセリをかけたら完成。

甘辛ソース味のシャキシャキ食感

食べ応えバツグン！もやしつくね

材料 （2人分）

- 牛豚ひき肉（牛7:豚3）… 300g
- もやし …（200g）1袋

調味料

- 塩 … 1g
- 醤油 … 小さじ½
- サラダ油 … 大さじ1
- 酒 … 適量
- A ┃ 焼肉のタレ … 大さじ1強
    ┃ 醤油 … 小さじ½
    ┃ みりん … 小さじ½
    ┃ ケチャップ … 小さじ1
- 青のり … 適量

作り方

1 ボウルにひき肉ともやしを入れてにぎりつぶすように混ぜたら塩と醤油を加えてよく混ぜ合わせる。

2 1を4等分にして丸く成形する。

3 フライパンを中火より少し弱めで温めてサラダ油をひいて2を焼く。半分くらいの高さで焼けたら裏返して火を通す。

4 酒を加えて強火で2秒、中火に戻したら蓋をして2分、蒸し焼きにする。竹串を刺して透明な肉汁が出たらOK。蓋を外して強火にして水分を飛ばしたら、器に並べる。

5 フライパンにAを入れて中火にかけ、木べらで混ぜながらとろっとするまで煮詰める。

6 4のつくねを皿に盛って5のタレをかけて青のりを散らしたら完成。

パパッと POINT

もやしの面倒な下ゆではしなくてOK。お肉と混ぜて一緒に加熱するのでパパッと時短できます。

とろろ昆布と卵のWとろとろ

あんかけ天津飯

包丁いらずで簡単！

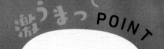

とろろ昆布から出るうまみで上品な和風のあんかけができます。

78

材　料 （1人分）

- 卵 … 3個
- とろろ昆布 … 10g
- ごはん … 200g

調味料

- A｜醬油 … 小さじ2
　　鶏ガラスープの素 … 小さじ1
　　水 … 200cc
- ごま油 … 適量
- 塩 … 1つまみ
- サラダ油 … 大さじ1

作り方

1 鍋にAを入れてひと煮立ちさせる。

2 とろろ昆布（7〜8g）を加えて中火で温めたらごま油を加えてあんかけの完成。

3 ボウルに卵を割り入れ、塩を加え、菜箸でよく混ぜる。

4 フライパンにサラダ油をひいて熱し、卵を流し入れ、スクランブルエッグ状になったらボウルに戻してスプーンで軽く混ぜる。

5 丼にごはんを盛り、4の卵と2のあんをかけ、残りのとろろ昆布をのせたら完成。

パパッと POINT

とろろ昆布を入れるだけで絶妙なあんのとろみと風味が簡単に作れます。

見た目豪華、ふわふわ食感が魅力！

豆腐と鶏肉の
ジャンボつくね

激うまっ POINT

つぶした豆腐でソースを
作るとつくねとよくから
んで◎。山椒のスパイス
がほどよいアクセントに。

材料 (1人分)

- 絹豆腐 … 1丁 (300g)
- 鶏ひき肉 … 200g
- 大葉 … 2枚
- しょうがチューブ … 2cm
  ※風味と食感を楽しみたい場合は、
  刻みしょうが（1かけ）がおすすめ

調味料

- 塩 … 2つまみ
- サラダ油 … 大さじ1
- A | 焼肉のタレ … 大さじ3
  　　| ハチミツ … 15g
  　　| 山椒 … 6振り

作り方

1 豆腐はキッチンペーパーで押さえて水気を取る。

2 ボウルに鶏ひき肉、細かくちぎった大葉、しょうが、塩を入れたら木べらで混ぜ合わせる。

3 豆腐⅔丁を加え入れ、混ぜ合わせたらひとまとまりにする。残りの豆腐は潰す。

4 フライパンにサラダ油をひき、**3**のタネを広げて入れ、中火で両面焼き上げたら皿にのせる。

5 フライパンに残りのつぶした豆腐⅓丁と**A**を入れて煮詰め、**4**にかけ、ちぎった大葉（分量外）を散らしたら完成。

パパッと POINT

具材をボウルで混ぜるだけで簡単にふわふわ食感のつくねがつくれます。

低カロリーなのに満足感◎

✕ ヘルシー豆腐カツ

材料 （2人分）

- 木綿豆腐 … 200g

調味料

- てんぷら粉 … 大さじ3
- 水 … 大さじ3
- サラダ油 … 適量
- ウスターソース … 適量
- 七味とうがらし … 適量
- かつおぶし … 適量

作り方

1 豆腐をキッチンペーパーで巻いて皿にのせ、重しをして少し水分を絞る。

2 てんぷら粉と水を混ぜ、豆腐に付ける。

3 フライパンに深さ1cmくらいまでサラダ油を入れて弱火で豆腐を揚げ焼きする。両面がこんがり焼けたら皿に盛り、温めたウスターソース、かつおぶし、七味をかけたら完成。

激うまっPOINT

小麦粉、卵、パン粉をつけるカツの衣の3工程もてんぷら粉を活用すれば、1工程でOK。サクサクに仕上がります。

10分あれば余裕で完成

✂ わさびパスタ

材　料 （1人分）

- パスタ … 100g

調味料

- パスタのゆで汁 … 50cc
- オリーブオイル … 小さじ2
- 和風だしの素 … 小さじ2
- わさびチューブ … 2cm
- レモン汁 … 小さじ2
- かつおぶし … 適量
- 刻みのり … 適量

作り方

1 水2ℓに塩20gを入れて沸かし、パスタを表示通りにゆでる。

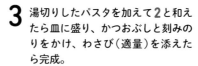

2 ボウルにパスタのゆで汁、オリーブオイル、和風だしの素、わさび、レモン汁を入れて混ぜる。

3 湯切りしたパスタを加えて**2**と和えたら皿に盛り、かつおぶしと刻みのりをかけ、わさび（適量）を添えたら完成。

パパッと POINT

ゆでたパスタと具材をボウルで混ぜるだけで超簡単！ わさびの刺激がたまらないシンプルな一品です。

ヘルシーだから夜中でも安心!?

☪ 豆腐と鮭の卵とじ

激うまっPOINT

仕上げにごま油を使うことで、風味を際立たせてくれます。

84

材　料 （1人分）

- 木綿豆腐 … 1丁
- 鮭フレーク … 大さじ2
- 卵 … 2個
- もやし … 50g
- 玉ねぎ … ¼個
- 万能ねぎ … 2cm

調味料

- ごま油 … 大さじ1
- 醤油 … 小さじ1
- 塩 … 適量
- 黒こしょう … 適量
- 酒 … 大さじ1
- 水 … 大さじ3

作り方

1 豆腐を縦に4等分に、玉ねぎは薄切りに、万能ねぎは小口切りにする。

2 フライパンにごま油を入れて中火で豆腐を焼く。焦げ目が付いたら醤油を加えて裏返す。

3 鮭、玉ねぎ、もやし、塩、黒こしょうを加えて炒める。

4 玉ねぎがしんなりしたら、酒と水を加えてひと煮立ちさせてから割りほぐした卵を流し入れ、豆腐と鮭と絡ませる。

5 皿に盛り付け、ごま油（適量）をかけ万能ねぎを散らしたら完成。

パパッと POINT

味の決め手は鮭フレーク。基本の味が調っているので、これひとつでもうバッチリ！

ピリ辛＋濃厚な味わい

☪ チーズ味噌の豚ニラ

材料 (1〜2人分)

- 豚バラ肉 … 100g
- ニラ … 3束
- ミックスチーズ … 適量

調味料
- 味噌 … 小さじ1
- 甜麺醤 … 小さじ1
- サラダ油 … 大さじ1
- ラー油 … 適量

作り方

1 豚肉を5cm幅に、ニラは3cm幅に切る。

2 ボウルに豚肉と味噌と甜麺醤を入れ、スプーンで混ぜ合わせる。

3 フライパンにサラダ油をひき、2とニラを入れて炒める。豚肉に火が通ったらチーズをのせて蓋をし、約2分中火にかける。チーズが溶けたら皿に盛り、ラー油をかけたら完成。

激うまっ POINT

味噌とチーズの濃厚な味わいが楽しめ、お酒のつまみにも、ごはんのお供にも最適です。

いか天スナックが隠し味

☽ サンラータン風スープ

材料 (2人分)

- いか天（お菓子）… 1枚
- 絹豆腐 … 100g
- 卵 … 1個
- 万能ねぎ（穂先）… 4cm × 2本

調味料
- 水 … 300cc
- 鶏ガラスープの素 … 小さじ1と½
- 黒こしょう … 5振り
- タバスコ … 5〜10滴
- 水溶き片栗粉
- ラー油 … 適量

作り方

1 鍋に水と鶏ガラスープの素とスプーンで適当にすくった豆腐を入れて中火にかける。沸いたら弱火にしていか天をちぎって加え、3分煮込む。

2 溶き卵を流し入れて菜箸で混ぜ、固まったら火を止める。タバスコ、黒こしょう、水溶き片栗粉を加えて混ぜる。

3 再度火にかけ、スープが温まったら器に盛り付けラー油をかけ、万能ねぎをのせたら完成。

激うまっ POINT

いか天を使うことで風味とコクが加わっておいしさアップ。しかも具材を入れて3分で完成。

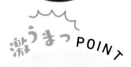

87

ふりかけが調味料になる！

☪ **ふりかけオムレツ**

材 料 (1人分)

- 卵 … 2個

調味料

- A │ 塩 … ひとつまみ
  │ めんつゆ … 小さじ½
  │ 水 … 小さじ2
  │ のりふりかけ … 小さじ1
  │ マヨネーズ … 小さじ1
- サラダ油 … 大さじ1
- ふりかけ … 適量
- 白いりごま … 適量

作り方

1 ボウルに卵とAを入れてよく混ぜる。

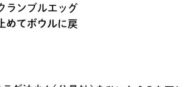

2 フライパンにサラダ油をひいて熱したら1を流し入れて広げる。菜箸でかき混ぜながらスクランブルエッグ状になったら火を止めてボウルに戻す。

3 再度フライパンにサラダ油少々（分量外）をひいたら2を戻し入れて焼く。フライパンの先端のほうに向かって二つ折りにして卵のふちを焼いたら皿に盛り付け、のりふりかけとごまをかけて完成。

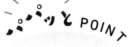

パパッと POINT

火を止めてボウルに卵を戻すことで、誰でも簡単にとろとろオムレツが作れます。

揚げてないのにサクサク食感

☾ コロッケ風ポテトサラダ

材　料 （2人分）

- 豚ひき肉 … 50g
- 市販のポテトサラダ … 200g
- パン粉 … 大さじ2

調味料
- 塩 … 適量
- サラダ油 … 大さじ1
- 中濃ソース … 適量

作り方

1 ひき肉は塩をして下味をつける。フライパンにサラダ油をひき、中火で炒めたら取り出す。

2 1のフライパンをキッチンペーパーで拭き、パン粉を入れて中火で焦げ目が付くまでいる。

3 皿にポテトサラダを盛り、1のひき肉、2のパン粉、中濃ソースをかけたら完成。

激うまっ POINT

ポテトサラダに炒めたひき肉を加えることで肉特有のうまみが加わります。

89

サバ缶でサクッと作れる

☪ まさかのサバ麻婆

材料 (2人分)

- サバの水煮缶 … 1缶
- にんにく(みじん切り) … 大さじ1
- しょうが(みじん切り) … 大さじ1
- 長ねぎ(みじん切り) … 大さじ2

調味料

- サラダ油 … 大さじ1
- 醤油 … 小さじ1
- 鶏ガラスープの素 … 小さじ1
- 水 … 200cc
- オイスターソース … 小さじ1
- 水溶き片栗粉
- 山椒 … 適量
- 食べるラー油 … 適量

作り方

1 フライパンにサラダ油をひき、弱火でにんにくとしょうがを炒める。にんにくとしょうがの香りがしてきたら、中火にしてサバの水煮を入れて木べらでほぐす。

2 醤油、水、鶏ガラスープの素、オイスターソースを加えてひと煮立ちさせたら、火を止めて水溶き片栗粉を入れる。再度火をつけ中火でひと煮立ちさせる。

3 皿に2を盛り、山椒を振り、長ねぎを散らしラー油をかけたら完成。

パパッと POINT

缶詰を使うことで時短効果抜群。オイスターソースを入れるだけで味に深みが出せます。

ついついお酒が進んじゃう

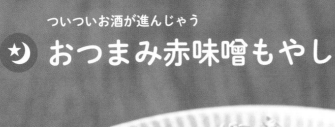 おつまみ赤味噌もやし

材 料（2人分）

- 市販のサラダチキン … 1袋
- もやし … 1袋（200g）

調味料

- 味噌 … 大さじ1
- ごま油 … 大さじ1
- 塩 … 適量
- 醤油 … 大さじ½
- 酢 … 小さじ1
- 白いりごま … 適量

作り方

1 ボウルにほぐしたサラダチキンと味噌、ごま油を入れてよく混ぜる。

2 鍋に湯を入れて沸かし、塩を加えたらもやしを入れて強火で1分ゆで、ざるで水切りをする。

3 1にもやしを温かいまま加えて菜箸でよく混ぜる。塩、醤油、酢を加えて混ぜ、味を調える。

4 皿に盛り付けて、ごまを振ったら完成。

パパッと POINT

サラダチキンを使うことで、鶏むね肉を下ゆでする準備が不要。

ピリ辛がやみつきになる

☽ サラダチキン棒棒鶏風

材　料 (2人分)

- 市販のサラダチキン … 1袋
- きゅうり … 1本

調味料

- A | 醤油 … 人さじ1
  | 酢 … 大さじ2
  | 食べるラー油 … 大さじ1
- いりごま … 適量

作り方

1 ボウルに **A** を入れてよく混ぜる。

2 サラダチキンを棒状に割き、きゅうりは細切りにする。

3 皿に**2**のきゅうり、サラダチキン、**1**のたれ、ごまの順に盛り付けたら完成。

激うまっ POINT

食べるラー油を使うことで味と食感にアクセントが加わっておいしさ倍増。

ドレッシングで大変身

☪ シーザースパゲッティサラダ

材料 (2人分)

- サラダスパゲッティ … 60g
- ミニトマト … 2個
- 市販のサラダ (ミックスサラダや
  グリーンサラダなど) … 50g

調味料
- オリーブオイル … 小さじ1
- シーザードレッシング … 大さじ3
- 黒こしょう … 少々
- 粉チーズ … 大さじ1

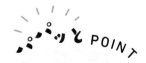

パパッと POINT

市販のドレッシングに黒
こしょうと粉チーズを足
すだけ。スパイシーな大
人の味に仕上がります。

作り方

1 鍋に水2ℓを沸かし、塩 (20g) を入れ、表示より1分長くパスタをゆでる。湯切りをしたら水で締めて水気を切る。キッチンペーパーなどでしっかり絞る。

2 ボウルに市販のサラダ、オリーブオイル、シーザードレッシング、黒こしょう、粉チーズを入れて混ぜ合わせる。

3 1のパスタを加えて混ぜたら皿に盛り、くし形切りにしたトマトを飾り、オリーブオイル (適量)、粉チーズ (適量)、黒こしょうをかけたら完成。

決め手はのりの佃煮！

揚げ出し風豆腐

材料 (2〜3人分)

- 絹豆腐 … 1丁 (300g)
- 万能ねぎ … 2cm
- 天かす … 2つまみ

調味料

- のりの佃煮 … 小さじ1
- めんつゆ … 30cc
- 水 … 150cc
- かつおぶし … 1つまみ

作り方

1 豆腐を耐熱皿にのせて電子レンジで500W30秒加熱する。

2 鍋にのりの佃煮、めんつゆ、水を入れてひと煮立ちさせる。

3 器に**1**の豆腐をスプーンですくいながら入れ、**2**を注ぎ、天かす、かつおぶし、小口切りにした万能ねぎを散らしたら完成。

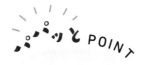
パパッと POINT

豆腐を揚げなくても、天かすを活用すれば、揚げたのと同じカリカリ食感が堪能できます。

辛みと酸味の絶品ハーモニー

☪ 辛味チップス卵スープ

材料 (2人分)

- 卵 … 1個
- もやし … 20g
- 辛味チップス … 30g
- 万能ねぎ … 1cm

調味料

- めんつゆ … 小さじ ½
- 鶏ガラスープの素 … 小さじ1
- 水 … 200cc
- ラー油 … 適量

作り方

1 万能ねぎを3mm幅にカットする。

2 鍋にめんつゆ、鶏ガラスープの素、水を入れてひと煮立ちさせたらもやしを加えてゆでる。

3 辛味チップスを加え、溶き卵を垂らすように入れて卵が固まるまで火を通す。器に盛り付けラー油をかけ**1**の万能ねぎを散らしたら完成。
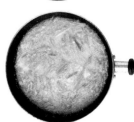

パパッと POINT

辛味チップスのうまみとほどよい辛みで即席だけど、味は本格派の中華スープが完成します。

うまみたっぷり

☽ # お茶漬け冷やしトマト

材 料 （1人分）

- トマト … 1個
- 梅干し … 1個

調味料

- お茶漬けの素（海苔茶漬け）… 小さじ1
- わさびチューブ … 2cm
- いりごま … 少々
- 刻みのり … 少々

作り方

1 トマトをくし形切りに、梅干しは刻む。

2 ボウルに**1**とお茶漬けの素、わさびを入れてスプーンで混ぜたら冷蔵庫で10分休ませる。

3 **2**を器に盛ってごま、刻みのりを散らしたら完成。

激うまっPOINT

お茶漬けの素を調味料代わりにしてトマトを和えることで、和風マリネに。

食欲そそるシメのひと品

🌙 万能ニラダレ うどん

材料 (1人分)

- ニラダレ
  - ニラ … 40g
  - 調味料
  - 醤油 … 小さじ½
  - 豆板醤 … 大さじ2
  - にんにくチューブ … 2cm
  - ごま油 … 大さじ1
- 冷凍うどん … 1袋
- 卵黄 … 1個

作り方

1 ニラは1cm幅に切り、ボウルにニラと醤油、豆板醤、にんにく、ごま油とともに入れてスプーンでよく混ぜる。

2 うどんは表示通り解凍して丼に入れ、**1**のニラダレと卵黄をのせたら完成。

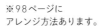

激うまっ POINT

ニラとごま油をプラスすることでおいしさ無限級。

※98ページにアレンジ方法あります。

たった2分でできちゃう

🌙 無限ピーマン

材料 (2人分)

- ピーマン … 3個

調味料

- ごま油 … 小さじ2
- 赤じそのふりかけ … 小さじ1
- 塩 … 少々

作り方

1 ピーマンの種を取って千切りにする。

2 ボウルに**1**とごま油、赤じそのふりかけ、塩を入れて和えたら皿に盛る。

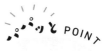

パパッと POINT

切って混ぜてたったの2分! おつまみやお弁当のおかずにも最適です。

だし汁・ドレッシング・タレの アレンジ

27 ページ

和風だし汁

【材料】
・えびせん…3枚

調味料 | 和風だしの素…小さじ1
　　　 | 水…200cc

鍋に水と和風だしの素を入れて沸騰させる。手で割ったえびせんを入れ、弱火で6分煮込んだらえびせんを取り出す。

● 卵豆腐にかける

卵豆腐1丁を皿に盛り、和風だし汁をかけてかいわれ菜を飾る。

● お茶漬けのだし汁に

お茶碗にごはん（100g）を盛り、大葉、鮭フレーク、わさびをのせたら和風だし汁をかける。

---

70 ページ

中華風トマト ドレッシング

【材料】
・トマト…1個
・きゅうり…½本

調味料 | 塩…小さじ1
　　　 | 酢…大さじ½
　　　 | ごま油…大さじ1
　　　 | 山椒…少々

1. トマトのヘタを取り除き、くし形切りにする。
2. ボウルにトマト、塩、酢、ごま油を入れて、手でトマトをつぶしながら混ぜる。

● 焼き魚に トッピング

フライパンにサラダ油（大さじ1）をひき、中火で白身魚を両面焼く。皿にのせて中華風トマトドレッシングをかける。

● しゃぶしゃぶの ドレッシングに

鍋にたっぷりの水を入れて沸かし、しゃぶしゃぶ用の肉（100g）を湯がく。ざるで水切りをし、皿に盛り、レタスをのせ、中華風トマトドレッシング、みじん切りにした大葉を散らす。

---

97 ページ

万能ニラダレ

【材料】
・ニラ…40g

調味料 | 醤油…小さじ½
　　　 | 豆板醤…大さじ2
　　　 | にんにくチューブ…2cm
　　　 | ごま油…大さじ1

ニラは1cm幅に切り、ボウルにニラと醤油、豆板醤、にんにく、ごま油とともに入れてスプーンでよく混ぜる。

● 豆腐にかける

豆腐½丁を皿に盛り、万能ニラダレをトッピング。

● チャーハンに

冷凍チャーハン（200g）を表示通りに解凍したら皿に盛り、万能ニラダレをのせる。

スイーツだって
ほんのひと手間で
激うまっ!

パイ生地代わりに食パンで！

さくさくオープンアップルパイ

まるでメロンパンのように表面が甘くてカリカリになった食パンに焼きりんごをトッピング。手軽にカフェで出るようなスイーツが楽しめます。

材料 （1人分）

- りんご … ½個
- 食パン … 1枚
- 市販のバニラアイス … 適量
- 飾りハーブ（ミントやチャービルでOK）
  … 適量

調味料

- バター … 40g
- 砂糖 … 20g
- 薄力粉 … 大さじ2
- ハチミツ … 15g

作り方

1 バター（20g）は電子レンジ500Wで10〜20秒温めて溶かす。

2 ボウルに**1**のバター、砂糖、薄力粉を入れてスプーンでよく混ぜる。

3 食パンに**2**を塗ってトースターで4〜5分、焦げ目がつくまで焼く。

4 焼きりんごを作る。りんごは皮をむいて1〜2cm角に切る。フライパンにバター（20g）とりんごを入れて焼く。りんごがしんなりしてきたらハチミツを加えて混ぜる。

5 **3**を半分に切って皿にのせ、**4**の焼きりんごとバニラアイス、ハーブをのせたら完成。

パパッと POINT

面倒なパイ作りをトーストで代用。焼き方ひとつでサクサク食感に。

湯煎なしで簡単

激うまっ 焼きバナナ

焦がしバターの風味と塩味がバナナの甘さを引き立ててくれます。

材料 (1人分)

- バナナ … 1本
- チョコレート (固形) … 20g
- 飾りハーブ (ミントやチャービルでOK)
  … 適量

調味料

- バター … 30g

作り方

1 バナナを縦に半分に切る。

2 チョコを包丁で刻む。

3 フライパンにバター (30g) を入れ、中火に
かけて焦がす。

4 弱火にしてバナナを入れて焼き目がつくま
で両面焼く。

5 バナナに軽く、焦げ目が付いたら皿に盛り付
け、チョコをかけ、ハーブを散らしたら完成。

パパッと POINT

面倒なチョコの湯煎は不
要！包丁で刻んでかけ
るだけでOK。バナナの熱
でほどよく溶けます。

缶詰で手軽に"映える"デザート

桃とバジルの ヨーグルトジュレ

桃の甘味、ヨーグルトの
酸味にさわやかなバジル
の香りの組み合わせがや
みつきになるおいしさで
す。

104

材料 （3～4人分 / 14×11×4cmの容器）

- 桃の缶詰（白桃でも黄桃でもOK）… **1缶**
- バジル … **5枚**
- ヨーグルト（無糖）… **150g**
- 生クリーム … **50cc**

調味料

- 水 … **大さじ2**
- 粉ゼラチン … **2.5g**
- 砂糖 … **20g**

作り方

1 水にゼラチンを入れてふやかす。

2 桃は食べやすい大きさに切る。バジルはちぎる。

3 ボウルに**2**の桃とバジル、ヨーグルトを入れて混ぜる。

4 フライパンに生クリームを入れて弱火にかけ沸騰直前まで温める。砂糖と**1**のゼラチンを加えて弱火のままゴムベラで混ぜながら溶かす。

5 **3**に**4**を加えてよくまぜ合わせたら容器に入れる。粗熱が取れたら冷蔵庫で1時間、冷やす。固まったらスプーンで崩しながらお皿に盛り、ちぎったバジル1～2枚（分量外）を散らしたら完成。

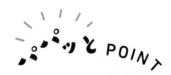
パパッと POINT

缶詰の甘味を活用して、
基本は混ぜて固めるだけ。

105

ヨーグルト＋アイスで作る

ティラミス風アイス

材 料 （1人分）

- バニラアイス … 適量
- ヨーグルト（無糖）… 大さじ2
- 粉チーズ … 小さじ1強
- インスタントコーヒー … 適量
- 飾りハーブ（ミントやチャービルでOK）
  … 適量

作り方

1 ボウルにヨーグルトと粉チーズを入れてスプーンでよく混ぜ合わせる。

2 器にバニラアイスを盛り付け**1**をかけコーヒーの粉末をかけたらハーブをのせて完成。

粉チーズとヨーグルトを混ぜるだけ。

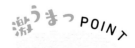

さっぱり濃厚まるでマスカルポーネのような味に。

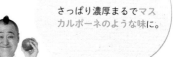

ゼラチンもメレンゲもいらない

簡単チョコムース風

材料 (1人分)

- ブラックチョコレート … 50g
- 熱湯 … 40cc
- 生クリーム … 小さじ1
- 飾りハーブ（ミントやチャービルでOK）
  … 適量

作り方

1 ボウルに刻んだブラックチョコレートと熱湯を入れてゴムベラで混ぜながらチョコを溶かす。

2 ボウルの底を氷水に当てながらゴムベラでよく混ぜる。角が立つくらいの硬さになったら生クリームを加えて混ぜ、器に入れて冷蔵庫で30分休ませる。

3 生クリーム（分量外）をかけ、ミントを飾ったら完成。

パパッと POINT

熱湯で溶かしたチョコに
生クリームを入れるだけ。

ビニール袋に入れて混ぜるだけ

トマトとオレンジのグラニテ

オレンジの酸味とトマトの甘味でさわやかな味わいになります。

材料 （1人分）

- トマト … 中1個（大なら ½ 個）
- オレンジジュース … 200cc
- ミント … 適量

調味料

- グラニュー糖 … 小さじ ½

作り方

1 トマトは乱切りにする。

2 ジッパー付きビニール袋にトマトを入れて手でつぶしたらオレンジジュースとグラニュー糖を加えてよくもみ混ぜ、2時間冷凍する。

3 凍ったら一度出してめん棒で叩いて砕き、再び冷凍庫で冷やす。

4 皿に盛り付けミントを飾ったら完成。

パッと POINT

トマトをすりつぶしてピューレ状にするのにミキサーは不要。手でつぶせばOKです。

蒸さずに作れる

簡単バナナプリン

バナナを手でつぶすことで、果肉のごろっとした食感が楽しめます。